Lifestyle-Reihe

Erik Tengstedt

Just Love.
Abenteuer Liebe

Lifestyle-Reihe

Impressum:
© 2004 Brigitta Schmidt
Herstellung und Verlag
BoD – Books on Demand GmbH
in Norderstedt

ISBN 3-8334-1277-1

Autor

Erik Tengstedt

Besuchen Sie die Website:
www.brigitta-schmidt-verlag.de

**Weitere Titel der
Lifestyle-Programmreihe**

<u>Immer ganz cool bleiben</u>
Selbstbewusst und erfolgreich leben
... für mehr Persönlichkeitsprofil
und Wohlbefinden

<u>Selbstbewusstsein. Zurück zu den
Wurzeln des Ich-Seins</u>
Wie Sie Selbstzweifel überwinden und
wieder zur natürlichen, durchsetzungs-
fähigen Ich-Beziehung finden

Inhaltsverzeichnis

Rosen haben die Sehnsucht
der Liebenden, der Betrübten
und Traurigen in sich vereint.
Alle Empfindungen des menschli-
chen Herzens sprechen sie an,
erwecken sie und doch bleiben
sie immer sie selbst.

Vorwort

Plötzlich ist alles ganz anders. Die ganze Welt scheint auf den Kopf gestellt. Alles, was gestern noch große Begeisterung auslöste, scheint plötzlich weniger aufregend. Freundinnen und Freunde, die bisher unverzichtbarer Bestandteil der eigenen Freizeitgestaltung waren, sind plötzlich nicht mehr ganz so wichtig. Selbst die Alltagsärgernisse sind weniger bedeutsam. Die Gedanken drehen sich nur noch um eine Person – die Person all der Träume von Liebe und Partnerschaft. Im Kopf herrscht bisweilen ein großes Durcheinander. Körper und Seele sind vollkommen aufgewühlt, im Bauch flattern tausend Schmetterlinge. Auch wenn es nicht das erste Mal ist, egal, dieses Gefühl bleibt immer ähnlich. Es ist das Gefühl, der „großen Liebe" begegnet zu sein.

Lassen Sie sich vom geheimnisvollen Scharm der Schmetterlinge einnehmen und Ihren Partner hieran teilhaben. Erweitern Sie Ihr Repertoire, bauen Sie eine neue Beziehung auf oder geben Sie Ihrer jetzigen Beziehung neuen Schwung.

In diesem Buch erhalten Sie all die schönen Gedanken zum Thema Liebe, Flirt und Erotik zusammengetragen – mit vielen ernst gemeinten und aufregend heißen Tipps. Lassen Sie sich von der Faszination, die von der Liebe ausgeht, beflügeln und lassen Sie dennoch genügend Platz für die eigene Sicht der Dinge.

Noch etwas: Dieses Buch ist gleichermaßen für Frauen und für Männer geschrieben. In jedem Satz jedoch beide Geschlechtsformen zu nennen, macht das Lesen unnötig schwer. Die Schreibweisen sind daher neutral gehalten oder wechseln sich ab. Das jeweils andere Geschlecht sollte also bitte mitdenken und sich keinesfalls benachteiligt fühlen.

Der Autor

Just Love.
Abenteuer Liebe

Abenteuer Liebe

Da sieht ein 18-Jähriger im Gedränge einer überfüllten Straßenbahn eine vielleicht gerade mal 20-jährige junge Frau und weiß schlagartig: „Das ist sie, von der ich immer geträumt habe." Da begegnen sich zwei wildfremde Menschen auf einer Party. Und obwohl sie noch kein Wort miteinander gewechselt haben, ist für beide schon alles klar. Da sitzt in einem Straßencafe, nur zwei Tische voneinander entfernt, der Mann ihres Lebens – mit direktem Blickkontakt. Ein kurzer Blick und ihre Ruhe ist dahin. Sie spürt, mich hat es erwischt. Alles im Kopf dreht sich nur noch um diesen Mann: „Wer ist er? Wo wohnt er? Ich will diesen Typen kennen lernen, ich muss unbedingt mit ihm sprechen. Ich muss herausfinden, ob er genauso empfindet wie ich."

Gefühle und Fantasien werden geweckt. Im Zustand plötzlicher Erregung kreisen alle Gedanken und Sehnsüchte nur noch um eine Person – um die Person eines lang ersehnten Traumes. All die Alltagsärgernisse verschwinden plötzlich in die Bedeutungslosigkeit.

Aber nicht immer ist es die berühmte Liebe auf den ersten Blick. Die Umstände, in denen die Liebe entflammt, sind viel zu verschieden, so dass sich keine Regel aufstellen lässt, wann und wie es zu diesem „Urknall" kommt. Oft sind es Zufälle, Freunde oder gemeinsame Bekannte, die maßgeblich dabei helfen, dass zwei Menschen sich näher kommen. Denn es ist nicht selbstverständlich, dass Amors Pfeil zur gleichen Zeit in die Herzen trifft, die gerne miteinander schlagen wollen. Eher selten kommt es beim zufälligen Zusammentreffen zweier sich vorher noch völlig unbekannter Menschen zum „Blitzschlag" mitten ins Herz.

Da ist der Freund, mit einer Einladung zu seiner Geburtstagsfeier und da ist der Partymuffel, der Feten langweilig findet und zum Mitkommen überredet werden muss. Und während die Party ihr Stimmungshoch erreicht, beschleicht dem Partymuffel der Gedanke, nach Hause zu gehen. In der Menschenmenge sucht er seinen Freund, um sich von ihm zu verabschieden. Er sieht seinen Freund und er sieht, wie sich dieser mit einer noch sehr jungen Frau unterhält, einer früheren Schulfreundin. Vielleicht hat sie kürzlich erst ihren zwanzigsten Geburtstag gefeiert. Und sicherlich sieht sie „nicht schlecht" aus. Aber all das interessiert irgendwie noch nicht und passiert ist zunächst ebenfalls nichts. Es kam schließlich ähnlich, wie es so oft im Leben passiert: Wenige Tage nach der Geburtstagsfeier, der Partymuffel hatte sich mit seinem Freund verabredet, stand plötzlich eine junge Frau im Raum. Es war die frühere Schulfreundin, mit der sich der Freund auf der Geburtstagsparty so nett unterhalten hat. Auch jetzt ist sich der Partymuffel seiner Gefühle für die frühere Schulfreundin seines Freundes nicht wirklich bewusst. Erst im Verlauf des Nachmittages, beim Geplauder über dieses und jenes, verspürt er eine gewisse „Nähe" zu dieser Frau, obwohl er diesen Zustand noch nicht richtig beschreiben kann. Aber dann passiert es doch noch: Ohne es wirklich zu denken, wird ihm plötzlich klar, dass da was ist, zwischen ihm und der früheren Schulfreundin seines Freundes. Sie sieht nicht unbedingt aus, wie die Traumfrau in den Kinofilmen. Aber vielleicht hat der Partymuffel es gerade deshalb nicht kapiert, was ihm plötzlich bewusst wird: „Das ist sie, auf die ich immer gewartet habe. Ich glaube, es ist ihre sanftmütige Stimme, es sind ihre braunen Augen, es ist ihr unwiderstehlicher Scharm ... Ich weiß nicht genau was, wahrscheinlich alles zusammen." Jedenfalls kommen beide mehr und mehr ins Gespräch. Er spricht schließlich aus, wie nett er sie findet. Am Abend begleitet er sie nach Hause und vor der Tür lagen sie sich dann heftig in den Armen, als wollten sie sich nicht mehr loslassen. Es war nicht die Liebe auf den ersten Blick. Über einen gemeinsamen Freund sind sie sich schließlich näher gekommen, hat Amors Pfeil doch noch in beide Herzen getroffen. Seitdem sind sie sehr glücklich zusammen.

Flirten – leicht gemacht

Es gibt Menschen, denen es erstaunlich leicht fällt, den ersten Schritt zu tun, um mit einem Flirtpartner ins Gespräch zu kommen. Den meisten Menschen jedoch scheint die Situation, auf einen potentiellen Flirtpartner zuzugehen, eher beklemmend. Hinzu kommt, dass einfach kein Einstiegssatz über die Lippen kommen will. Krampfhaft kreisen die Gedanken um den vermeintlich gelungenen Einstiegssatz. Jedoch ist es hilfreich, entspannt zu bleiben, sich ganz auf sein naturell zu verlassen. Sicher, das scheint leichter gesagt als getan. Und dennoch muss es gelingen, die Lähmung im Kopf abzuschütteln, um sich zumindest eine Chance zur ersten Kontaktaufnahme zu wahren. So genannte „Flirtprofis" wirken aufreißerisch, wie freche „Anmachtypen" und das mögen die wenigsten Damen. Hingegen haben eher zurückhaltende Menschen durchaus eine Chance, ins Gespräch zu kommen. Es ist die unverstellte, natürliche Ausstrahlung, die dem potentiellen Flirtpartner den vielleicht nicht ganz gelungenen Einstiegssatz überhören lässt. Ohnehin gibt es den Satz nicht, mit dem sich potentielle Flirtpartner, ob Mann oder Frau, sicher binden lassen.

Andererseits ist es schon hinderlich, wenn kein Einstiegssatz über die Lippen kommen will. Jedoch muss es nicht unbedingt ein besonders geistreicher Satz sein. Ein erster Satz kann sich aus einer ganz banalen Alltagssituation ergeben:

Nachdem ein Mann den Kinosaal betritt, sieht er in der hinteren Reihe eine Dame, neben der er gerne sitzen und ins Gespräch kommen will. Er fragt die Dame: „Ist hier noch ein Platz frei?" Sie antwortet: „Ja, der Platz ist noch frei." Nun sind es einzelne Filmszenen, die ihm noch mehrere Sätze entlocken, wie: „Das wird bestimmt noch lustig." An der Reaktion der Dame sieht er schließlich, dass es sich lohnt, im Gespräch zu bleiben, ohne aufdringlich zu werden. Während des Nachspanns sprechen beide heiter über einzelne Filmszenen und dass es doch schöner wäre, mit jemandem zusammen Filme anzuschauen. Schließlich setzen sich beide an der kleinen Kinobar, um eine Cola zu trinken und miteinander zu plaudern.

Gewiss, es muss nicht unbedingt das Kino sein – es gibt noch viele Anknüpfungspunkte. Ob auf dem Bahnsteig, in der Straßenbahn, im Cafe oder auf der Plattform eines Aussichtsturmes, immerhin verbindet einem bereits eine bestimmte Situation. Und fast jede Situation bietet eine Menge Anhaltspunkte um ins Gespräch zu kommen. Eine kleine Bemerkung zu dem, was Ihnen in einen bestimmten Augenblick spontan einfällt, kann ausreichen, um ein Gespräch zu eröffnen. Auf der Plattform des Aussichtsturmes etwa der Satz: „Ein herrliches Panorama. Finden Sie nicht auch? Kennen Sie den See da drüben?" Wenn Sie natürlich bleiben, höflich vorgehen und dem anderen nicht zu nahetreten, ist die Hürde schnell genommen und das Gespräch kann seinen Lauf nehmen.

Sie werden erstaunt sein, was Ihnen alles einfallen wird, um ein Gespräch zu eröffnen. Lassen Sie sich von den nun folgenden Flirttipps inspirieren. Es wird ganz sicher auch Ihnen möglich sein, die richtigen Worte zu finden, um mit einem potentiellen Flirtpartner ins Gespräch zu kommen. Oder nutzen Sie schlicht die Gelegenheit, Ihrer jetzigen Beziehung neuen Schwung zu geben.

Die besten Flirt-Tipps

Partnersuche übers Internet: Gehen Sie ins Internet-Cafe. Als seriöse Single- und Partner-Treffs gelten z. B. neu.de, datingcafe.de, singles.freenet.de und flirt28.de. Kontakte werden in der Regel über Chat, Forum, Gästebuch und SMS der jeweiligen Website geknüpft.

*

Sie wollen beim ersten Treffen das Gespräch zunächst nur „locker" führen? Dann lassen Sie sich nicht auf Zukunftspläne der Beziehung ein. Schlagen Sie ihrem Date vor, zu einem späteren, genau festgelegten Zeitpunkt über die Zukunft der Beziehung zu sprechen, nachdem Sie mehr Zeit miteinander verbracht und etwas näher kennengelernt haben.

*

Sorgen Sie für frischem Atem. Kauen Sie ein Kaugummi für etwa zwei Minuten, bevor Sie ihn ausspucken. Es macht wirklich keinen Sinn, den Kaugummi länger als nötig im Mund zu halten.

Aber auch Petersilie, Minze und Zimtstangen sind ideale, natürliche Atemerfrischer. Jedoch bringt es nichts, gemahlenen Zimt zu sich zu nehmen, da nur das Kauen einer Zimtstange Ihren Atem reinigt.

*

Nehmen Sie beim Essen möglichst wenig Laktose (Milchzucker)zu sich, da Darmbakterien den Milchzucker vergären und hierbei ein Gas erzeugen, das häufige Blähungen verursacht. Verzichten Sie also weitestgehend auf Milchprodukte. Später können Sie gerne ein großes Glas Milch trinken.

*

Ebenso vergären Bakterien die unverdaulichen Kohlenhydrate in Kohl- und Obstsorten sowie in Bohnen und Brokkoli. Die hierbei entstehenden Gase können sehr heftige und übel riechende Blähungen verursachen.

Wenn Sie schließlich feststellen, dass Ihnen Ihr Date oder Ihr Flirtpartner nicht zusagt, dann brechen Sie die Beziehung bzw. das Gespräch sofort ab. Stellen Sie unmissverständlich klar, dass Ihre Entscheidung endgültig ist. Sofern Sie Geschenke und andere Dinge angenommen haben, geben Sie diese zurück. Bleiben Sie offen und freundlich, versprechen Sie jedoch nicht, sich wieder zu melden.

*

Haben Sie gefallen an Ihrem Date oder an Ihrem Flirtpartner, dann signalisiert ein warmer, lächelnder Blick Zuneigung und das sicher etwas schönes passieren wird.

*

Auch wenn leidenschaftliche Zungenküsse Sie jetzt so richtig in Fahrt bringen, so sind sie jedoch beim ersten, ernsthaften Date nicht angesagt. Signalisiert Ihr Date oder Ihr Flirtpartner, dass er gegen einen Kuss auf die Wange keine Einwände hat, dann nähern Sie sich der rechten Wange des Partners und beginnen mit einem sanften Kuss.

Blicken Sie Ihrem Date oder Ihrem Flirtpartner immer wieder in die Augen und
lächeln Sie. Bedenken Sie, dass Sie die
Macht abgeben, wenn Sie den Blick Ihres
Date oder Ihres Flirtpartners ausweichen.
Hingegen behalten Sie die Kontrolle,
wenn Sie seinem Blick standhalten. Aber
bitte sein Gegenüber anschauen, nicht
permanent anstarren.

*

Der Abschied vor dem Lokal oder nach
dem Spaziergang muss kein Abschied für
immer sein. Geben Sie ihrem Date oder
Ihrem Flirtpartner beim Abschied Ihre
Adresse und bitten Sie ihn um seine Visi-
tenkarte. Sagen Sie schmeichelnd, dass
Sie möglicherweise eine kleine Überraschung zuschicken möchten.

*

Gehen Sie mit Ihrem Date in den Zoo, um
sich dort Nilpferde, Elefanten, Löwen,
Affen und Pinguine anzusehen. Mimen
Sie den Gang der Pinguine nach, jedoch
mit Respekt vor den Tieren. Scherzen Sie
und lachen Sie herzhaft.

Gehen Sie am Abend mit Ihrem Date oder Flirtpartner in einer Pizza-Stube beim Italiener. Fragen Sie beim Küchenchef diskret nach, ob Sie zwei Pizza in Herzform bestellen können. Lassen Sie diese „Überraschung" anschließend servieren.

*

Lassen Sie bei sich zu Hause Blumen wachsen. In jedem Zimmer, an allen vier Wänden – überall Blumen. Laden Sie nun Ihren Date zu sich ein. Ihr Date wird überrascht sein und sich sehr geschmeichelt und wertgeschätzt fühlen.

*

Kaufen Sie für das nächste Treffen 150 Teelichter. Stellen Sie diese auf dem Boden in Herzform auf und zünden Sie die Teelichter erst kurz vor dem Erscheinen Ihres Date an. Dunkeln Sie den Raum ab und eine weitere Überraschung kann ihren Lauf nehmen ...

*

Gönnen Sie sich unbedingt einen langen Spaziergang am Meer, an einem See oder auch im dicht bewachsenen Wald.

Können Sie sich vorstellen, übers Wochenende Rollschuhe oder Inline-Skater zu mieten? Nein? Dann tun Sie es doch einfach! Fahren Sie mit Ihrem Date oder Ihrem Flirtpartner ins Grüne, schnallen Sie sich die Rollschuhe oder Inline-Skater um und los kann es gehen. Nicht nur die Unbeholfenheit wird ihnen beide einen riesigen Spaß garantieren.

*

Reservieren Sie für sich und Ihren Date Plätze für eine Vorstellung, die erst an einen Abend in vier Wochen beginnt. Die dreißigtätige Vorfreude wird ganz bestimmt genauso schön sein, wie der Konzert- oder Theaterbesuch selbst.

*

Probieren Sie ein Parfum aus, das noch besser zu Ihnen passt. Aufdringlich oder dezent? Welcher Duft wird von Ihrer Haut angenehm aufgenommen? Lassen Sie sich von einer Verkäuferin oder von einen Verkäufer „vom Fach" beraten.

Flanieren Sie in Parks oder öffentlichen Gärten, wenn sich die Knospen der Rosen öffnen und zu blühen beginnen. Nehmen Sie den Duft bewusst und innig auf und lassen Sie die Gedanken über Ihre Beziehung liebevoll schweifen.

*

Nutzen Sie jede Gelegenheit, um gemeinsam im Freien zu picknicken. Genießen Sie das viele Grün um sich herum. Lassen Sie Ihre Haare im Wind wehen. Legen Sie sich beide hin und erzählen Sie sich schöne Geschichten.

*

Geben Sie sich den Liebes- und Glücksgefühlen hin. Sehen, hören, tasten, schmecken und riechen Sie Ihren Date. Geben Sie Ihren Date einen sanften Kuss. Leben Sie Ihre fünf Sinne jeweils besonders intensiv aus. Ja, so ist es gut ...

*

Erleben Sie gemeinsam einen Sonnenuntergang. Beobachten Sie, wie immer mehr Sterne am Himmel erscheinen. Nun ist die Gelegenheit da, allein zu zweit jeweils einen lang ersehnten Wunsch auszusprechen ...

Wenn Sie zum ersten Mal in Berlin sind, dann gehen Sie mit Ihren Date durch das Brandenburger Tor. Bleiben Sie direkt unter dem Brandenburger Tor stehen. Sie dürfen sich beide nun etwas wünschen.

*

Lassen Sie bei der nächsten Einladung Ihres Date zu sich nach Hause rote Luftballons an die Decke des Schlafzimmers aufsteigen und hängen Sie jeweils ein kleines Geschenk daran. Ein immer gelungenes Geschenk ist ein klein zusammen gefalteter Liebesbrief.

*

Schnüren Sie ein Paket mit lauter kleinen Geschenken. Jedes Geschenk steht für einen Buchstaben des Vornamens Ihres Date oder Ihres Flirtpartners, mit dem Sie inzwischen mehr verbindet als ein belangloses Gespräch. Ideale Geschenke sind Mini-Herzchen, Parfum-Fläschchen, Sand, Konfetti, eine Fotocollage, Lippenstiftküsse oder Fingerabdrücke auf Papier oder ein Haar von Ihnen.

Haben Sie schon einmal im Café eines Luxushotels gesessen und in aller Ruhe eine heiße Schokolade geschlürft. Gönnen Sie sich beide diesen sinnlichen, wunderbaren Genuss.

*

Besuchen Sie mit Ihrem Date so häufig wie möglich Orte auf, an denen sich Menschen zusammenfinden, die ebenso verliebt sind wie Sie und die auch Sie wahrscheinlich gerne treffen würden.

*

Was halten Sie vom gemeinsamen Besuch einer Kirmes? Garantiert werden Sie dort Leckereien finden, die einen so wunderbar an die eigene Kindheit erinnern. Wie wärs mit Himbeerbonbons, Lakritzschnecken, Zuckerwatte oder Bratäpfel mit Schokoladenüberguss.

*

Nehmen Sie künftig nicht mehr alles um sich herum all zu ernst. Befreien Sie sich von Zwängen. Machen Sie es sich leichter und zwar in jeder Hinsicht. Ihr Leben wird sodann schöner sein, leichter und sehr viel fröhlicher.

Es gibt ein herrliches Sprichwort von Rousseau: „Es ist sinnlos, sein Glück in weiter Ferne zu suchen, wenn man nicht versucht, es in sich selbst zu suchen und zu pflegen". Denken Sie einmal ernsthaft über dieses Sprichwort nach.

*

Es ist die Zeit gekommen für ein romantisches Abendessen zu zweit? Organisieren Sie ein unvergessliches Abendessen im Kerzenschein, mit raffinierter Tischdekoration, feinem Geschirr, duftenden Blumen sowie anderen kleinen Nettigkeiten. Selbstverständlich darf die Musik im Hintergrund nicht fehlen, passend zum gemeinsamen Abend.

*

Sie können auch ganz ohne Grund ein abendliches Treffen bei sich zu Hause organisieren. Sagen Sie Ihrem Date oder Ihrem Flirtpartner, wie sehr Sie sich auf seinen Besuch freuen. Nutzen Sie die Gelegenheit, sich langsam näher zu kommen. Seien Sie hierbei nicht all zu aufdringlich. Warten Sie die Zeit ab ...

Sofern Ihre Beziehung intensiver geworden ist und Sie wirklich Zuneigung zu Ihrem Date oder Flirtpartner empfinden, oder sofern Sie Ihre jetzige Beziehung neuen Schwung geben möchten, dann sprechen Sie es ruhig aus: Sagen Sie öfter als bisher und mit sanfter Stimme „Ich liebe dich"; „Du hast mir gefehlt" und „Schön, dass es dich gibt". Schauen Sie hierbei Ihrem Date oder Ehepartner in die Augen. Schauen – nicht anstarren!

*

Gehen Sie mit ihrer Partnerin ins Café. Flüstern Sie ihr ins Ohr, dass sie Sie glücklich macht. Knabbern Sie hierbei Ihrer Partnerin sanft am Ohr. Selbstverständlich darf auch die Partnerin Ihren Partner ins Café einladen – ruhig einmal die Gastgeberrolle wechseln.

*

Beharren Sie nicht immer auf Ihrem Standpunkt. Glücklich sein ist wichtiger als Recht haben – und glücklich machen alle Male. Genießen Sie vor allem die Momente des glücklich Seins zu zweit.

Frieren Sie ein kleines Geschenk oder einen Zettel mit ein paar zärtliche Zeilen in einen Eiswürfel ein und lassen Sie Ihren Date oder Flirtpartner, mit dem Sie nun eine echte Partnerschaft eingegangen sind, diese nette Überraschung bei Gelegenheit selbst entdecken.

*

Es ist gut, die Vorlieben seines Partners zu kennen: Blumen, Parfum, Farben, Musik, Filme, Zeitschriften, Sportarten. Warum nicht auch die sexuellen Vorlieben und mehr. Sorgen Sie für eine gelungene Überraschung, vielleicht am Abend vor dem Schlafengehen – einfach so!

*

Denken Sie sich einen neuen Kosenamen für Ihren Partner aus, den sie beide jeweils mögen und der dann auch wirklich benutzt wird. Zudem haben Kosenamen die Eigenschaft, nach einer Meinungsverschiedenheit zur Versöhnung beizutragen. Selbstverständlich gehen in einer solchen Situation beide Partner ein Stück aufeinander zu.

Lernen Sie, schlechte Erinnerungen aus Ihrem Leben zu verbannen, auch wenn es Ihnen schwerfällt. Sagen Sie sich und Ihrem Partner jeden Morgen ein paar nette Worte. Sie werden glücklich darüber sein, sich überwunden zu haben und den Tag mit guter Laune zu beginnen.

*

Philosophieren Sie mit Ihrem Partner über die Träume aus der Kindheit. Denn: Träume vergessen ist wie Sterben.

*

Lassen Sie Ihre Gefühle zu. Lachen Sie ungeniert, wenn Ihnen danach zumute ist und lassen Sie sich trösten, wenn Sie traurig sind.

*

Kritisieren Sie ihren Partner nie so stark, dass er oder sie sich verletzt fühlt. Manchmal ist Schweigen mehr.

*

Verzehren Sie im Sommer am Strand eine eisgekühlte Melone. Sinnen Sie über das kühle Nass und strecken sie beide anschließend alle viere weit von sich ...

Geben Sie sich gelegentlich ruhig einer Laune hin, auch wenn sie ein wenig verrückt erscheint.

*

Liebkosen Sie den Körper Ihres Partners; lassen Sie sich hierbei Zeit und flüstern sie sich alberne Geschichten zu.

*

Nehmen Sie Ihren Partner ruhig öfter in den Arm. Vor allem, wenn es keinen Grund dazu gibt.

*

Ermutigen Sie Ihren Partner dazu, von sich zu erzählen. Sie werden erstaunt sein, wie interessant Sie es finden.

*

Schreiben Sie lauter kleine Liebesbotschaften, die Sie dann in der Wohnung verstecken. Das sorgt für nette Überraschungen. Besonders geeignet ist das nahende Wochenende, an dem sie viel Zeit für besinnliche Stunden miteinander haben. Nehmen Sie sich die Zeit und gönnen sie sich ein paar schöne, leidenschaftliche Tage zu zweit.

„Ich liebe dich." Lernen Sie diesen magischen Satz in mehreren Sprachen; in französisch, spanisch, italienisch und schwedisch.

*

Ihr Partner friert? Reiben Sie Ihren Partner genüsslich und langsam mit einem warmen Handtuch ab.

*

„Vermessen" Sie den Körper Ihres Partners: Kopf, Brust, Arme, Bauch, Oberschenkel ... und alles andere auch.

*

Wenn Sie Ihren Partner zum Essen einladen, dann sollte das Restaurant schon einen „Stern" aufweisen können.

*

Übertreibungen können etwas Liebenswürdiges haben: Wenn Ihr Partner Kaugummis mag, dann kaufen Sie halt ein ganzes Kilo von dem Zeug.

*

Sagen Sie Ihrem Partner, warum Sie ihn/sie lieben: geistreich, besinnlich, humorvoll, attraktiver Körper ...

Streichen Sie Sätze wie „Siehst du, ich hatte mal wieder Recht" oder „Das hätte ich dir gleich sagen können". Dies tut nur unnütz weh.

*

Sie müssen es nicht zeigen, dass Sie recht haben. Lassen Sie die anderen doch triumphieren. Lieber glücklich sein als recht haben.

*

Schicken Sie Ihrem Partner eine Woche vor dem Geburtstag jeden Tag eine humorvolle Glückwunschkarte.

*

Lesen Sie Ihren Partner abends vor dem Schlafengehen einige Zeilen aus einem Liebesroman vor. Kommen Sie nun ins Gespräch und dann sehen Sie weiter, was geschieht …

*

Selbst die einfachsten Vergnügen und Freuden lassen sich mit Wonne auskosten. Einfach mal ausprobieren …

Schauen sie beide zu, wie ein Vogel sein Nest baut ... und wie sieht es mit Ihrem Nestbau aus?

*

Fragen Sie Ihren Partner ganz direkt, was er/sie alles erotisch findet. Die Antworten werden sehr aufschlussreich sein.

*

Denken Sie daran: Sie haben einen Wunsch frei, wenn Sie die erste Schwalbe, den ersten Schmetterling und die erste Biene sehen.

*

Versuchen Sie nicht, die Gedanken des anderen zu erraten, wenn Sie nicht sicher sind. Fragen Sie doch lieber ganz ehrlich und direkt.

*

Verbringen Sie eine Nacht unter freiem Himmel, zählen Sie die Sterne und lassen sie beide die Gedanken nachhängen.

*

Zeigen Sie Wagemut! Im Alter werden Sie es bedauern, dass Sie vieles nicht gewagt haben.

Machen Sie Komplimente, die von Herzen kommen. Jeder Mensch mag Komplimente. Vor allem, wenn sie von anderen und vom Liebsten ausgesprochen werden.

*

Legen Sie Ihrem Partner eine rote Rose aufs Kopfkissen – einfach so. Oder vielleicht auch, um Ihre Lust auf Zärtlichkeit zu signalisieren?

*

Zeigen, dass man sich liebt, löst eine Kettenreaktion aus. Bringen Sie den Ball ins Rollen ...

*

Begrüßen Sie den Wechsel der Jahreszeiten mit einem Fest. Ein herrlicher Anlass, vier Mal im Jahr ausgefallene Rituale zu feiern.

*

Vereinbaren Sie ein gemeinsames Geheimzeichen, mit dem Sie sich auch in der Ferne und in aller Öffentlichkeit ein „Ich-liebe-dich" zusenden können, z. B. mit dem rechten Zeigefinger auf die Nasenspitze zeigen ...

Glücklichsein tut gut. Suchen Sie gemeinsam die Gesellschaft von glücklichen Menschen auf.

*

Lassen Sie Ihre Partnerin vor, wenn Sie in einer Schlange stehen.

*

Gehen Sie auf Romantik-Tour: Kaufen Sie Lebkuchenherzen und Küssen Sie Ihre Partnerin in luftiger Höhe im Riesenrad.

*

Lernen Sie, sich zu entspannen. Lockern Sie Ihre Muskeln: Gesicht, Hals, Schultern, Brust, Bauch, Rücken, Arme und Beine. Lassen Sie Ihren Gedanken freien Lauf. Warum eigentlich nicht zu zweit?

*

Sinnliche Lippen lösen beim Partner mehr aus als jeder andere Gesichtsausdruck. Große rote Lippen wirken stark anziehend.

*

Lassen Sie sich von einem Liebeslied begeistern. Singen Sie mit.

Erotisches Vergnügen

Erotisches Vergnügen

Erotik ist mehr als nur Sex! Nachschlagewerke beschreiben Erotik als „sinnliche Liebe". Hingegen ist unter Sex die rein körperliche Lustbeziehung zu verstehen, die sich ebenso in jedem Freudenhaus befriedigen lässt. Erotik jedoch ist mehr: Als „sinnliche Liebe" bezieht sich Erotik sowohl auf die körperliche als auch auf die geistig-seelische – auf die innere Beziehung – zweier Menschen. Erotik ist demnach mehr als knisternde Seidenstrümpfe, mehr als schnappende Strapse und mehr als das tiefe Dekolleté oder das Lust erregende Parfum. Erotik ist die Berührung zweier Seelen. Es ist das Zusammentreffen zweier Menschen, die sich absolut sympathisch und aufregend finden, die Blicke voller Sehnsucht. Und dann natürlich der Wunsch, miteinander zu schlafen. Spannung und Ungewissheit über die lüsterne Vorfreude werden spürbar. Es ist so, als wenn einem die Zügel aus der Hand gleiten wollten.

„Wird dieser Mensch, den ich erotisch so sehr anziehend finde, mit mir schlafen wollen? Wird die Nacht wild oder eher zärtlich sein? Egal, ob wild oder zärtlich, zunächst genügt mir die bloße Vorstellung, von diesen Menschen verführt zu werden; in seine Augen, auf seinen Mund und seinen ganzen Körper zu schauen. Schließlich seine Haut zu schmecken, seinen Genitalbereich zu berühren, an seinen Ohren zu knabbern und leise Versprechungen zu machen. Dies alles voller Sehnsucht nach inniger, sexueller Erfüllung und dem Streben, diesen so wunderbaren Menschen nicht wieder loszulassen."

Aber Erotik ist mehr, als die Befriedung rein sexueller Lust! Es geht nicht nur darum, das harmonische Spiel zweier ineinander verschlungener Körper irgendwann einmal zu beenden. Vielmehr ist es der Wunsch, sich auch sonst näher zu kommen. Trauen Sie sich!

40

Tipps: Lust auf Sex

Sexuelle Offenheit sollte nicht zu früh in Betracht kommen. Es sei denn, die Basis für sexuelle Kontakte ist bereits gelegt.

*

Haben Sie schon einmal daran gedacht, Ihrem Partner sexy Unterwäsche zu kaufen. Überraschen Sie Ihren Partner. Nehmen Sie eine gegenseitige „Anprobe" vor. Scherzen Sie und kommen sie sich hierbei körperlich näher.

*

Trauen sie sich ruhig zu zweit ins Bett, nachdem die Basis für sexuelle Kontakte gelegt ist. Verboten sind jedoch Liebeskiller wie alte Unterwäsche, qualmende Socken, Kettenleine, Handschellen, Fußfesseln, Hardcore-Pornos und schlechte Körperhygiene. Nun, Vorlieben die zu einem späteren Zeitpunkt entdeckt werden, dürfen dann ruhig zur Anwendung kommen. Diesen besonderen Wunsch sollten jedoch beide Partner haben.

Liegen Sie bequem? Legen Sie nun die Arme hinter den Kopf, die Beine ausgestreckt nach vorne, formen Sie Ihren Mund zu einen angedeuteten Kuss. Damit signalisieren Sie, dass Sie offen für weitere Annäherungsversuche sind.

*

Werden Sie jedoch nicht gleich in der ersten Nacht all zu aufdringlich. Nehmen Sie sich vor zu früher sexueller Offenheit in Acht. Schließlich legen Sie gerade die Basis für spätere, intensive und tief dringende sexuelle Kontakte.

*

Ein guter Zeitpunkt, die Partnerin zu verführen, ist dann gegeben, wenn Sie als Partner aus dem Bad kommen, noch nass sind und nur ein Handtuch um die Hüfte tragen. Lassen Sie sich von Ihrer Partnerin mit Feuchtigkeitscreme einreiben. Es darf ruhig auch ein wenig tiefer sein. Gleiten Sie sanft über den Körper des Partners und sagen Sie ihm, wie wundervoll und anziehend sein Körper ist. Das wird er gerne hören.

Verwandeln Sie Ihr Schlafzimmer in einen Sinnes-Himmel auf Erden. Um Sie herum Kerzenschein, Berge weicher Kissen im Bett, in die sie sich beide nackt fallen lassen können, umgeben von zarten Stoffen wie Samt, Seide und Kaschmir.

*

Streuen Sie Rosenblätter auf die Bettwäsche und erfüllen Sie Ihr Schlafzimmer mit exotischen Aromen oder dem Duft frischer Rosen. Lassen Sie alles verschwinden, was stört, z.B. Handy und Wecker. Füllen Sie Ihr Intimleben voll aus und schmeicheln sie einander.

*

Nehmen Sie wohl riechendes, warmes Massageöl, verteilen Sie es in Ihren Händen und massieren Sie Ihren Partner mit sanften, kreisförmigen Bewegungen zunächst die Schultern ein. Lassen Sie Ihre Fingerspitzen leicht massierend über seinen Rücken zu den Hüften und den Po wandern. Führen Sie Ihre Hände etwas nach vorn zum Bauch hin und streicheln Sie sanft seine Genitalien. Das turnt an ...

Träufeln Sie etwas Champagner auf den Penis und schenken Sie ihm köstlich saugenden Oralsex.

*

Der Partner sollte warten, bis die Partnerin stark erregt ist; zunächst an den Ohren knabbern und die Innenseiten Ihrer Schenkel liebkosen, Jedoch noch nicht ihre Klitoris berühren. Das wird Sie weiter anturnen und nach mehr verlangen lassen. Küssen und streicheln Sie Ihre Partnerin und stimulieren Sie mit der Spitze Ihres Penis ihre Brustwarzen. Flüstern Sie ihr etwas Scherzhaftes zu und sagen Sie dann: „Ich liebe dich!"

*

Steigern Sie nun Ihre Erregung, indem sie sich zu zweit nackt und verschwitzt vor einem Spiegel lieben. Seien Sie hemmungslos und wild, so wie es Ihnen und Ihren Partner gefällt. Schenken Sie sich gegenseitig einen befreienden Orgasmus; benutzen Sie viel Seife, Massageöl und Gel sowie Ihre Finger und Zehen.

Lassen Sie den Dingen ihren Lauf: Bedenken Sie, dass eine kurze, wilde Tollerei genauso erregend sein kann, wie eine Stunde sanfter Sex.

*

Begießen Sie sich mit Champagner und lecken Sie das Getränk ab.

*

Beim gemeinsamen Bad, umgeben von Duftkerzen, waschen und massieren Sie einander die Haare, und beziehen dann das Schamhaar und die Genitalien in die Massage ein. Strecken Sie Ihrer Partnerin sinnlich die Zunge heraus und zeigen Sie ihr, was Sie als nächstes mit ihr vorhaben.

*

Aber vielleicht ist es erst einmal genug. Achten Sie daher auf die Stimmung Ihrer Partnerin. Wenn sie sich zurück zieht, dann lassen Sie es sein. Denn Schmerz und Nötigung sind niemals sexy!

*

Ihre Partnerin hat sich soeben geduscht? Reiben Sie ihr genüsslich mit einem warmen Handtuch den Körper sanft ab.

Nehmen Sie sich vor, wenigstens einmal im Leben die Milch einer frischen Kokosnuss zu trinken. Philosophieren Sie zu zweit hierüber und lassen Sie die Gedanken ins Erotische schweifen.

*

Bananen erzeugen Glücksgefühle. Kreieren Sie ein dekoratives Bananencocktail als Nachtisch. Beißen Sie sinnlich in die Banane und streicheln Sie die Banane mit Ihren Fingerspitzen. Diskutieren Sie zunächst über den erotischen Zauber, den die Banane auslöst. Nutzen Sie dann beide die Macht der Erotik ...

*

Wenn Sie schmale Lippen haben – lächeln Sie. Die Lippen werden dadurch auseinandergezogen und wirken größer und reizvoller.

*

Nur keine falsche Bescheidenheit, wenn Sie Ihren Partner wirklich lieben und auch Ihre Partnerin Sie sehr liebt. Missverständnisse komplizieren in der Tat jede Situation unnötig.

Sie: Ziehen Sie sich nicht gleich komplett aus. Behalten Sie z. B. schwarze Unterwäsche oder Strapse an. Nichts überstürzen!

*

Er: Ziehen Sie sich bis auf Ihre schwarze, eng anliegende Boxer-Shorts aus, die die Form Ihres Pos anregend betont. Lassen Sie sich Zeit. Auch hier gilt: Bloß nichts überstürzen!

*

Sie: Nähern Sie sich Ihrem Partner, fahren Sie sich mit der Zunge über die Lippen. Lassen Sie zunächst Ihre Beine sehen und lassen Sie die Strapse peitschen.

*

Er: Sehen Sie Ihre Partnerin von oben bis unten angeregt an. Berühren Sie sie leicht an der Schulter. Zeigen Sie Interesse für das, was Ihre Partnerin gerade sagt.

*

Machen Sie sich gegenseitig Komplimente: Reizvoller Körper, ...

Intim zu zweit: Schicken Sie sich erotische Bücher mit Abbildungen und leicht
frivole Karten. Wenn Sie vor Verlangen
„kochen", sind Champagner und ausgefallene Dessours angesagt.

*

Stoßen Sie bei Kerzenschein mit Champagner auf den Verlauf des Abends an.

*

Werfen Sie Ihrem Partner bedeutsame
Blicke zu und berühren Sie unter dem
Tisch mit Ihren Füßen seine Beine.

*

Füttern Sie sich gegenseitig mit kleinen
Häppchen. Wählen Sie für den Nachtisch
exotische Früchte, die aufgeschnitten
und schön dapriert einen unwiderstehli-
chen, genüsslichen Reiz ausstrahlen.

*

Lecken Sie die klebrigen Finger des Partners sanft ab und dann ist da noch der
Mund und vielleicht schon die Zeit für
erotische Stunden gekommen.

Übergeben Sie Ihrer Partnerin einen Gutschein, der ein Sexversprechen enthält, zum Beispiel „Ich verspreche dem Besitzer dieses Gutscheins eine umfassende Sexmassage" oder „eine Stunde sexueller Sklaverei".

*

Oder Sie verstecken den Sexgutschein unter dem Kopfkissen.

*

Verfassen Sie einige Extragutscheine, die genau beschreiben, was Ihren Partner erwartet.

*

Hinterlassen Sie auf dem Anrufbeantworter Ihres Partners wohltuende, schmeichelnde Nachrichten. Voller Erwartung ...

*

Schreiben Sie sich gegenseitig eine E-Mail, in voller Freude auf ein baldiges Wiedersehen. Vereinbaren Sie Codewörter für Sex-Begriffe.

Praktizieren Sie Telefonsex. Beschreiben Sie bildhaft, was Ihnen Spaß macht und fügen Sie hinzu, dass Sie schon unterwegs sind.

*

Ein Kuss auf den Mund spricht Gefühls-, Geschmacks- und Geruchssinn an. Beginnen Sie mit sanften Küssen und küssen Sie leidenschaftlicher, wenn sich seine/ihre Lippen öffnen.

*

Flüstern Sie ihr schelmhaft ins Ohr, was Sie gleich im Bett alles mit ihr anstellen werden.

*

Albern Sie zunächst rum und erzählen Sie sich im Bett frivole, erotische Geschichten.

*

Begießen Sie Ihre nackten Körper gegenseitig mit Champagner und lecken Sie dieses Nass auf der Haut Ihres Partners leidenschaftlich ab.

Sie: Träufeln Sie etwas Champagner auf die Genitalien Ihres Partners und schenken Sie ihm köstlichen Oralsex. Saugen Sie dieses wunderbare Nass sinnlich in sich hinein.

*

Er: Liebkosen und streicheln Sie die Innenseiten ihrer Schenkel. Berühren Sie zunächst ihre Klitoris nicht.

*

Träufeln Sie Kokosnussöl auf ihre Brüste und stimulieren Sie mit der Spitze Ihres Penis ihre Brustwarzen. Saugen Sie die Brustwarzen in sich hinein. Lecken Sie sie genüsslich ab.

*

Sie: Streicheln Sie ihn sanft an verschiedenen Körperstellen. Er darf Noten von eins bis sechs für seine Empfindungen vergeben.

*

Schenken Sie sich gegenseitig einen Orgasmus. Benutzen Sie viel Massageöl, ihre Finger und Zehen.

Wie Kinder in der Badewanne spielen: Spritzen Sie sich gegenseitig mit Wasserpistolen nass, albern Sie rum ... mit Schwimmenten.

*

Nehmen Sie einen Naturschwamm, um warmes Wasser über die Brüste Ihrer Partnerin zu träufeln. Schließen Sie sie im warmen Nass fest um sich und tauchen Sie sanft in ihre Klitoris ein.

*

Massieren Sie sich gegenseitig Kopf und Kopfhaut mit Jasminöl.

*

Formen Sie eine Handrinne und lassen Sie warmes Öl auf die Genitalien Ihres Partners laufen. Geben Sie ihm eine Genitalmassage.

*

Körpergeruch ist nicht immer abstoßend, sondern kann sehr sexy sein und die Erregung steigern. Jedoch sollte der Körper nicht ungepflegt sein und nach kaltem Schweiß riechen.

Legen Sie sich gemeinsam auf ein großes, angewärmtes Badetuch. Gönnen Sie
sich heftigen Sex. Lassen Sie sich vom
perlenden Schweiß des Partners zuneh-
mend stimulieren.

*

Gehen Sie zusammen in die Sauna. Lassen Sie Ihre sexuelle Erregung ansteigen,
wenn Sie sehen, wie die Schweißperlen
Ihres Partners von der heißen Haut rin-
nen. Und dann ab nach Hause und ins
Bett ...

*

Nehmen Sie den noch schlaffen Penis Ihres Partners in den Mund, saugen Sie
und beginnen Sie rhythmisch mit dem
Mund zu pumpen, wenn der Penis hart
geworden ist.

*

Stimulieren Sie ihre Klitoris, indem Sie
sich an seinem Schambein oder an seiner
Hüfte reiben. Rutschen Sie auf Ihrem
Partner von oben nach unten und achten
Sie darauf, dass sein Penis Ihren Schei-
deneingang immer wieder berührt.

Berühren Sie ihren Partner voller Lust. Lassen Sie nun Ihren Partner den Penis langsam in die Klitoris einführen und lassen Sie seinen Penis bei jeder Abwärtsbewegung tiefer in sich eindringen. Liebkosen Sie seinen Mund und dringen Sie hierbei mit Ihrer Zunge tief ein.

*

Stimulieren Sie die Klitoris Ihrer Partnerin in jeder Richtung, indem Sie Ihren Kopf zwischen Ihre Beine legen. Lassen Sie die Zunge zwischendurch in die Scheide hineinfallen. Machen Sie Ihre Zunge mal breit mal spitz. Stimulieren Sie den G-Punkt, während Sie die Klitoris mit der Zunge massieren.

*

Sprechen Sie sich gegenseitig mit den Kosenamen an, wenn Sie miteinander Sex haben. Sagen Sie Ihrem Partner wie schön er ist, und wie sehr sein Körper Sie anmacht. Er sollte dies ebenso sagen.

Gehen Sie unter die Dusche. Reiben Sie Ihre Körper einander. Waschen Sie die Genitalien Ihres Partners, aber lassen Sie sich viel Zeit und flüstern Sie sich nette Worte zu. Trocknen Sie sich gegenseitig mit einem vorgewärmten Handtuch ab.

*

Gehen Sie Händchen haltend durch den Park. Schalten Sie Ihr Handy vorher aus. Nehmen Sie die Natur um Sie herum bewusst wahr. Beteuern Sie Ihre Liebe und kaufen Sie kleine Geschenke, die Sie immer an diesen Tag erinnern.

*

Nehmen Sie sich die Zeit, sich immer wieder aufs Neue kennen zu lernen. Kuscheln Sie endlos und seien Sie zärtlich zueinander. Verwirklichen Sie Ihre Vorstellung von einer liebevollen Hochzeitsnacht oder machen Sie Ihre Hochzeitsnacht immer wieder zu einem neuen, sanftmütigen Erlebnis. Bleiben Sie sich treu, erkennen Sie die Hochs und Tiefs Ihrer gemeinsamen Lust und leben Sie diese liebevoll aus.

55

Bilder der Leidenschaft

<u>Erotika</u>

61

Erotisches Vergnügen zu zweit

Erotische Top-Positionen

Missionary-Position

Back-To-Front-Position

Lyons–Stagecoach–Position

Woman–Performence–Position

Zitatensammlung

Zitate rund um die Liebe ...

**Blumen sind die Liebesgedanken
der Natur.**
(Armin, Bettina)

♥

**Die Freundschaft und die Liebe
schenken Blumen.**
(Grillparzer, Franz)

Glück ist Liebe, nichts anderes.
Wer lieben kann, ist glücklich.
(Hermann Hesse)

Die Liebe ist der Stoff, den die
Natur gewebt und die Fantasie
bestickt hat.
(Voltaire)

Wir Menschen sind Engel mit nur
einem Flügel. Um fliegen zu können, müssen wir uns umarmen.
(Luciano de Crescenzo)

Kein Mensch fühlt im anderen
eine Schwingung mit, ohne dass er
sie selbst in sich hat.
(Hermann Hesse)

Die Liebe bricht herein mit
Wetterblitzen. Die Freundschaft
kommt wie dämmerndes
Mondlicht.
(Emanuel Geibel)

Zärtlichkeit ist das Ruhen der
Leidenschaft
((Joseph Joubert)

Die Zärtlichkeit ist die
Blume der Liebe.
(Sprichwort)

Die Liebe ist der Tau, der zugleich
Brennessel und Lilien labt.
(Schwedisches Sprichwort)

Die Liebe will erwerben und
besitzen. Die Freundschaft opfert,
doch sie fordert nicht.
(Emanuel Geibel)

Gefühlsfäden sind
schwerer zu zerreißen als
Gedankenketten
(Hellmut Walters)

Liebende schließen beim Küssen
die Augen, weil sie mit
dem Herzen sehen möchten.
(Daphne du Maurier)

Liebe ist, sich im anderen
ganz und gar
vergessen zu dürfen.
(Andrea Kailer)

Das Träumen ist der
Sonntag des Denkens.
(Henri–Frédéric Amiel)

Was aus Liebe getan wird
geschieht immer jenseits
von Gut und Böse.
(Sprichwort)

Einen Menschen lieben
heißt einzuwilligen, mit ihm
alt zu werden.
(Albert Camus)

Die Liebe allein versteht
das Geheimnis,
andere zu beschenken und
dabei selbst
reich zu werden.
(Clemens Brentano)

Es muss von Herzen gehen,
was auf Herzen wirken soll.
(Johann Wolfgang von Goethe)

Schön ist eigentlich alles,
was man mit Liebe betrachtet.
(Christian Morgenstern)

Es ist schön,
mit jemandem schweigen
zu können.
(Kurt Tucholsky)

Selig ist der Mensch, der den
Nächsten in seiner
Unzulänglichkeit genauso
erträgt, wie er von ihm
ertragen werden möchte.
(Franz von Assisi)

Jemanden vergessen wollen
heißt an ihn denken.
(Sprichwort)

Viele Menschen versäumen
das kleine Glück,
weil sie auf das Große
vergeblich warten.
(Pearl S. Buck)

Das Glück ist die kurze Zeit,
in der man die Zeit vergisst.
(Jean de la Bruyére)

Für gewöhnlich handelt es sich
bei Traumfrauen um
eine optische Täuschung.
(Sir Peter Ustinov)

Jemanden lieben heißt, als
einziger ein für die anderen
unsichtbares
Wunder zu sehen.
(Mauriac)

Die Liebe gleicht einem Ring
und ein Ring hat kein Ende.
(Brasilianisches Sprichwort)

Für die Welt bist du
irgendjemand,
aber für irgendjemand
bist du die Welt.
(unbekannt)

Heirat ist nicht das Happy-End,
sondern immer erst ein Anfang.
(F. Fellini)

Die Ehe ist eine Brücke, gebaut
aus Liebe und Vertrauen, die
die Ehepartner auch in
schweren Stunden tragen kann.
(unbekannt)

Raum ist in der kleinsten Hütte.
Für ein glücklich liebend Paar.
(Friedrich von Schiller)

Das einzig Rebellische in
der Gesellschaft ist es,
eine Familie zu gründen.
Nur dort findet einer
zu sich selbst.
(Pete Townshend)

Liebe kennt kein Alter,
nur beim Wein kommt es
auf den Jahrgang an.
(Joan Collins)

Zeit ist Geld, sagt man.
Geld ist Glück, sagt man.
Fülle die Zeit mit Liebe
und du findest dein Glück.
(Erik Tengstedt)